Für

....

zur Erinnerung an deine

ERSTKOMMUNION

von

....

JESUS IST UNSERE GRÖSSTE FREUDE,

ER IST IMMER AN UNSERER SEITE

UND WIRD UNS NIE ENTTÄUSCHEN.

Papst Franziskus

Vera Lörks

DAS FEST MEINER

ERSTKOMMUNION

ERINNERUNGSBUCH

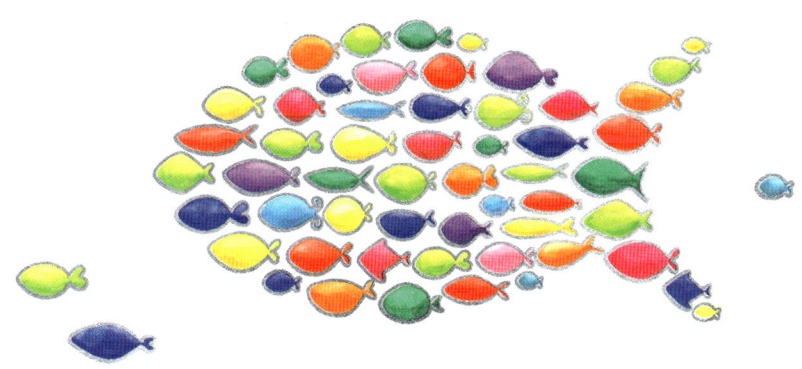

Butzon & Bercker

LIEBES KOMMUNIONKIND,

ich gratuliere dir ganz herzlich zu deiner ersten heiligen Kommunion. Bestimmt hast du diesen besonderen Tag ausgiebig gefeiert, mit einem Gottesdienst, mit Menschen, die dir wichtig sind, gutem Essen und vielen Geschenken.

Dieses kleine Album soll dir helfen, dich immer wieder an den Tag deiner Erstkommunion zu erinnern. Du kannst hier deine schönsten Erinnerungen aufschreiben, Fotos einkleben und Unterschriften deiner Gäste sammeln.

Es soll dich aber auch immer wieder an das erinnern, was du in deiner Vorbereitungszeit gelernt hast: Jesus möchte dein Freund sein, auf ihn kannst du dich jederzeit verlassen.

Ich wünsche dir, dass du diese Freundschaft in deinem Leben immer spürst.

Deine
Vera Lörks

*Hier kannst du
ein Foto von dir an deinem
Erstkommuniontag
einkleben.*

DAS BIN ICH

Mein Name ist ....

Ich wurde am .... in ....

.... geboren.

Ich wohne in ....

Am .... wurde ich in der ....

.... Kirche getauft.

Meine Taufpaten sind ....

Meine Hobbys sind ....

Hier kannst du ein
Lieblingsfoto von dir
einkleben.

GOTT HAT DICH GEWOLLT

Gott hat dich gewollt
dich im Original
Er hat dich beschenkt
mit deinen Fähigkeiten
mit deinem Aussehen
Sei du selbst
finde deinen eigenen Weg
passe dich nicht
irgendwie an
weil es bequemer scheint
Sei du selbst
und du hast den ersten Schritt
in ein erfülltes Leben getan

Georg Schwikart

LIEBE JUNGEN UND MÄDCHEN,

EURE NAMEN

SIND IN DEN HIMMEL GESCHRIEBEN,

INS BARMHERZIGE HERZ DES VATERS.

SEID MUTIG,

SCHWIMMT GEGEN DEN STROM.

Papst Franziskus

GEHEIMNISVOLLE FISCHE

Jonas langweilte sich. Sein Vater hatte ihn vom Training abgeholt und jetzt standen sie mal wieder endlos lange im Stau. Plötzlich entdeckte er auf einem anderen Auto einen Fischaufkleber.

Der kam ihm doch bekannt vor. Richtig, in seiner Erstkommunionmappe war auch so einer abgebildet. „Papa, was bedeutet eigentlich der Aufkleber mit dem Fisch?", wollte er wissen. Zum Glück kannte sich Papa gut aus: „Zur Zeit der Römer war es verboten, Christ zu sein. Die Christen benutzten den Fisch als geheimes Zeichen, um einander zu erkennen. Noch heute zeigen Christen mit dem Fisch, dass sie zu Jesus gehören." „Aber warum denn gerade ein Fisch? Ich hätte lieber ein starkes Tier ausgesucht, einen Löwen zum Beispiel."

Papa lachte: „Das kommt daher, dass im Griechischen die Anfangsbuchstaben des Wortes ‚Fisch' (ICHTHYS) die Anfangsbuchstaben der Worte Jesus Christus (Iesous Christos), Gottes Sohn (THeou [H]Yios), Erlöser (Soter) sind." „Hmm, das ist ganz schön schlau", fand Jonas.

MEINE FAMILIE

Meine Eltern heißen

....

Meine Geschwister heißen

....

Meine Großeltern heißen

....

Zu meiner Familie gehören auch

....

Hier kannst du
ein Foto von deiner
Familie einkleben.

EIN LIEBENDES HERZ

IST EIN FROHES HERZ.

Mutter Teresa

GOTT IST IMMER BEI UNS

Bei Gott sind wir willkommen,
zum Mahl mit Brot und Wein.
Jesus hat uns eingeladen,
wir dürfen seine Gäste sein.

Wir hören Gottes Worte,
wir singen Gott ein Lied,
wir danken ihm für alles Gute,
das er uns gibt.

Wir feiern Jesu Liebe,
wir feiern, dass er lebt,
wir glauben, dass er uns begleitet,
dass er uns liebt.

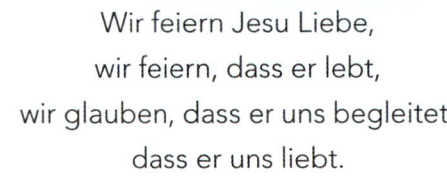

AUF ALLEN UNSERN WEGEN
WIRD JESUS BEI UNS SEIN.
IN GOTTES HAND
SIND WIR GEBORGEN –
NIEMALS ALLEIN.

Norbert M. Becker

EIN BESONDERES GEBET

Das Vaterunser ist ein ganz besonderes Gebet.
Jesus hat es mit seinen Jüngern gebetet.
Wir sprechen es in jeder heiligen Messe
und auf der ganzen Welt beten es Christen
in ihrer eigenen Sprache.
Du kannst mit diesem Gebet mit Gott
sprechen oder deine eigenen Worte
benutzen.
Wichtig ist, dass du Gott vertrauen kannst,
du kannst ihm alles erzählen.
Das tut gut.

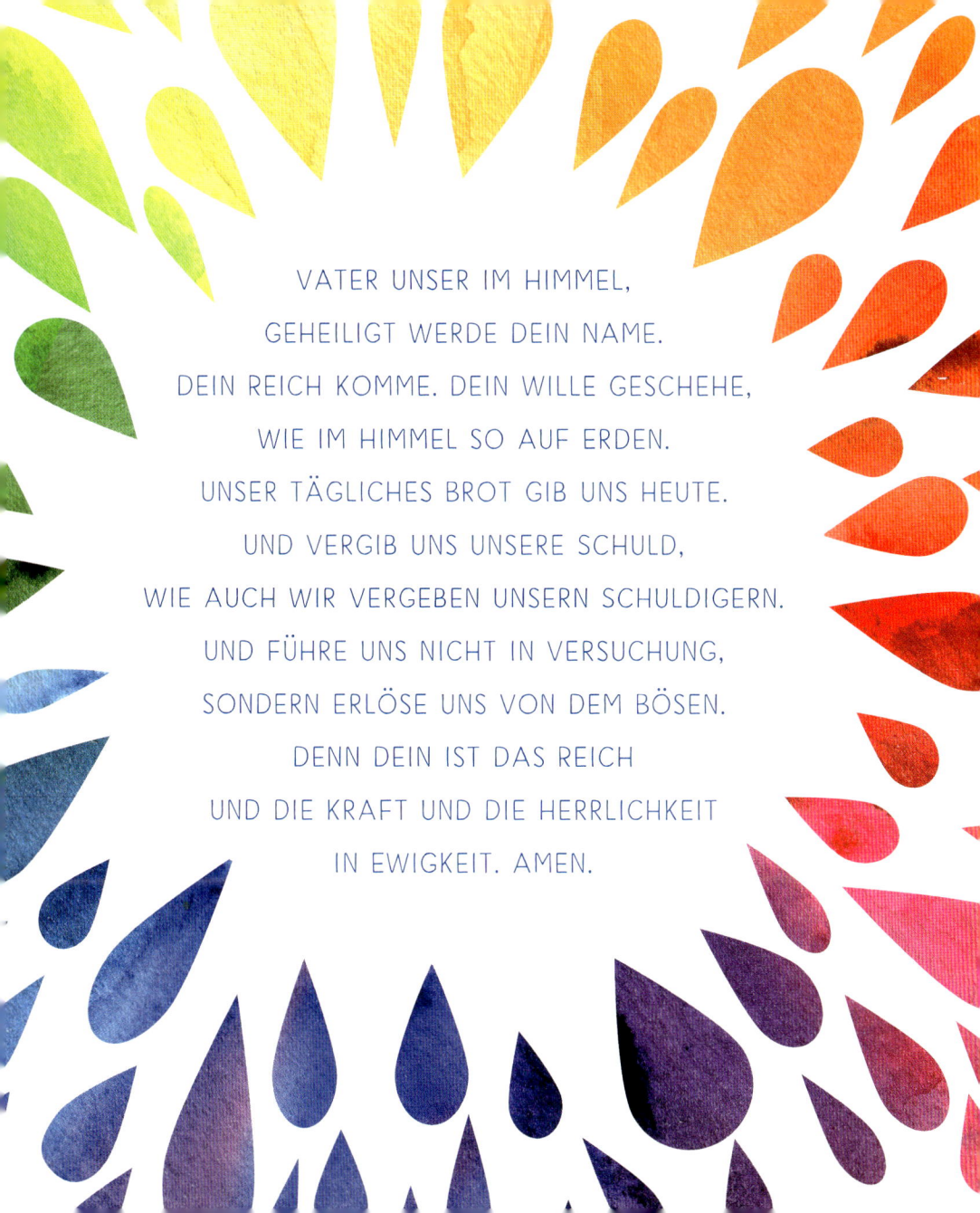

VATER UNSER IM HIMMEL,
GEHEILIGT WERDE DEIN NAME.
DEIN REICH KOMME. DEIN WILLE GESCHEHE,
WIE IM HIMMEL SO AUF ERDEN.
UNSER TÄGLICHES BROT GIB UNS HEUTE.
UND VERGIB UNS UNSERE SCHULD,
WIE AUCH WIR VERGEBEN UNSERN SCHULDIGERN.
UND FÜHRE UNS NICHT IN VERSUCHUNG,
SONDERN ERLÖSE UNS VON DEM BÖSEN.
DENN DEIN IST DAS REICH
UND DIE KRAFT UND DIE HERRLICHKEIT
IN EWIGKEIT. AMEN.

FÜNF BROTE
UND ZWEI FISCHE

Vielleicht kennst du das: Manchmal teilt man gerne. Wenn man eine Tüte voll Süßigkeiten hat, ist es ganz einfach, dem besten Freund davon etwas abzugeben. Aber was tust du, wenn deine Freundin ihr Pausenbrot vergessen hat? Du hast selbst nur eins und einen riesigen Hunger. Dann fällt das Teilen ganz schön schwer.

Wir müssen aber teilen, damit alle genug haben. Und zu teilen ist ein schönes Gefühl. Wer teilt, ist nicht mehr einsam. Die Bibel erzählt dazu eine schöne Geschichte:

Eines Tages wollte Jesus mit seinen Jüngern zu einem ruhigen Ort fahren, um sich etwas auszuruhen. Als sie aber dort angekommen waren, hatten einige Menschen sie schon entdeckt. Sie wollten, dass Jesus zu ihnen sprach. Jesus redete den ganzen Tag mit den Menschen und es kamen immer mehr. Am Abend waren es schon fünftausend Männer, Frauen und Kinder. Und sie alle bekamen Hunger.

Die Jünger fragten Jesus: „Was sollen wir jetzt tun? Wir haben kein Geld, um für alle etwas zu kaufen." Jesus sagte: „Alle sollen teilen, was sie haben." Die Jünger hatten aber nur fünf Brote und zwei Fische. „Wie soll das für alle reichen?", fragten sie sich.

Jesus aber nahm die Brote und Fische, sprach ein Dankgebet und gab das Essen den Jüngern, um es an die Menschen zu verteilen. Die Jünger gingen herum und gaben allen etwas. Und alle wurden satt. Zum Schluss blieben sogar noch zwölf Körbe voll übrig. Da staunten die Jünger.

Nach Markus 6,30–44

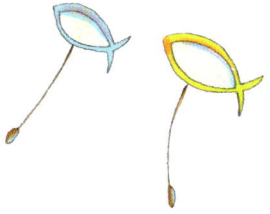

MEINE KOMMUNIONGRUPPE

Auf die Erstkommunion vorbereitet haben mich:

....

Das fand ich besonders schön:

....

....

....

Zu meiner Gruppe gehörten:

Hier können die Kinder aus deiner Gruppe unterschreiben oder du schreibst ihre Namen auf.

MEINE VORBEREITUNGSZEIT

Auf diesen Seiten
ist Platz für schöne
Erinnerungen
oder Fotos deiner
Vorbereitung auf die
Erstkommunion.

:h habe diese Karte gefunden in dem Buch

_____

:h bin auf dieses Buch
ufmerksam gemacht worden durch

☐ meine Buchhandlung

☐ das Internet: www. _____

☐ ein Geschenk

Bitte
frankieren,
falls Marke
zur Hand

Antwort

Verlag
BUTZON & BERCKER
Postfach 13 55

47613 Kevelaer
Deutschland

Damit Sie mich in Zukunft besser über Ihr Verlags-
programm informieren können, gebe ich Ihnen einige
persönliche Daten zur vertraulichen Nutzung bekannt.

Ich interessiere mich für:

- [ ] Kinder- und Jugendbücher
- [ ] Geschenkbücher
- [ ] Geschenkartikel
- [ ] Praxisbücher / Gottesdienst / Katechese
- [ ] Spiritualität
- [ ] Sachbücher
- [ ] Kalender

Bitte einsenden an Verlag Butzon & Bercker oder eine Kopie
faxen an: **0 28 32/929-212**. Sie finden unser Programm
auch im Internet unter **www.bube.de**

BUTZON BERCKER

Als Dankeschön verlosen wir
unter allen Einsendern monatlich ein Buchpaket.*

*Der Rechtsweg ist ausgeschlossen.

Name/ Vorname:

Straße/Haus-Nr.:

PLZ/ Wohnort:

Beruf:

Geburtsdatum:

Telefon:

Fax:

Engagement in meiner Gemeinde als:

WIE GROSS BIST DU, GOTT!

Herr, mein Gott, wie groß bist du!
Du hast den Seen und den Bergen
ihren Ort gegeben,
hast Quellen aus der Erde gerufen
und den Bächen und Flüssen
einen Weg gebahnt.
Tiere trinken daraus
und Bäume wachsen an ihren Ufern.
Die Vögel bauen darin ihre Nester
und singen dein Lob.
Du lässt Pflanzen für die Menschen
und Tiere wachsen.
Allen gibst du Speise …
Deshalb will ich dich loben
mein Leben lang.

Nach Psalm 104

EIN REGENBOGEN

Kannst du dich erinnern, wann du zum letzten Mal einen Regenbogen gesehen hast?

Hat er in sieben Farben am Himmel geglitzert?

Regenbogen sind ein tolles Naturschauspiel. Jeder Regenbogen erinnert uns an die Freundschaft zwischen Gott und den Menschen.

Er erinnert uns an Gottes Versprechen an Noah, immer bei den Menschen zu sein und sie zu segnen.

Vielleicht denkst du ja auch daran, wenn du das nächste Mal einen Regenbogen siehst.

LICHT DER HOFFNUNG

Ein König hatte zwei Söhne. Als er alt wurde, überlegte er, welcher der beiden sein Nachfolger werden sollte. Dazu gab er ihnen eine Aufgabe: „Hier habt ihr fünf Silberstücke. Wer damit bis zum Abend unseren Festsaal füllt, wird mein Nachfolger."

Der erste Sohn zog los und kaufte Zuckerrohr. Arbeiter hatten es ausgepresst und jetzt war es nutzlos. Er konnte für fünf Silberstücke so viel davon kaufen, dass die ganze Halle bis zum Dach voll Zuckerrohr war.

Der jüngere Sohn ließ das Zuckerrohr wegräumen und stellte eine Kerze in die Mitte der Halle. Als er sie anzündete, füllte sich die ganze Halle mit warmem Licht. Der König sagte: „Du sollst mein Nachfolger werden. Dein Bruder hat das ganze Geld für nutzloses Zeug ausgegeben. Du aber hast für weniger Geld den Saal mit dem gefüllt, was Menschen brauchen: mit Licht."

Nach einer philippinischen Legende

MEINE KOMMUNIONKERZE

Die Kommunionkerze brennt für dich. Das warme
Licht soll dir zeigen: Jesus ist immer bei dir.

Hier ist Platz
für ein Foto deiner
Erstkommunion-
kerze.

DAS BAND DER FREUNDSCHAFT

Jesus möchte dein Freund sein.
Und er möchte nichts anderes dafür
als deine Freundschaft.
Denn einander Freund sein,
ist etwas vom Schönsten, das es gibt.

Ich wünsche dir, dass eure Freundschaft
zu einem wunderbaren Band werde,
das euch beide für immer verbindet.

Irmgard Erath

MEINE ERSTKOMMUNIONFEIER

Die Feier meiner Erstkommunion war am ....

um .... Uhr in der Kirche ....

.... in ....

Unser Pfarrer hieß ....

Wir waren insgesamt .... Kommunionkinder.

Unser Motto lautete:

....

....

....

Hier ist Platz
für Fotos aus dem
Gottesdienst oder
den Ablauf- oder
Liederzettel.

*Hier ist Platz
für Fotos aus dem
Gottesdienst oder
den Ablauf- oder
Liederzettel.*

Hier ist Platz
für Fotos aus dem
Gottesdienst oder
den Ablauf- oder
Liederzettel.

MEINE SCHÖNSTEN TISCHGEBETE

O GOTT,

von dem wir alles haben,
wir preisen dich für deine Gaben.
Du speisest uns, weil du uns liebst,
o segne auch, was du uns gibst.
Amen.

Überliefert

REICHLICH

war der Tisch gedeckt
und es hat mir gut geschmeckt.
Was wir haben, kommt von dir,
lieber Gott, wir danken dir.
Amen.

Überliefert

MEINE GÄSTE

Hier ist Platz für Fotos
von deinen Gästen.
Sie können auch
unterschreiben und ihre
Wünsche für dich
aufschreiben.

Hier kannst du
ein Foto von deinen
Geschenken einkleben
oder aufschreiben, was du
bekommen hast.

MEINE GESCHENKE

DAS FESTESSEN

Hier kannst du aufschreiben, was es zu essen gab, oder die Menükarte einkleben.

MEINE LIEBLINGSGEBETE

FRÖHLICH

bin ich aufgewacht,
am Himmel schon die Sonne lacht.
Ich freue mich auf diesen Tag
und alles, was heut kommen mag.
Bleibe du ganz dicht bei mir.
Lieber Gott, ich danke dir.

Überliefert

MÜDE

bin ich, geh zur Ruh,
schließe beide Augen zu.
Vater, lass die Augen dein
über meinem Bette sein.

Luise Hensel

Hier kannst du dein
eigenes Lieblingsgebet
aufschreiben.

GESEGNET UND BEGLEITET

Guter Gott,
segne und begleite mich.
Halte mich fest in deinen Händen,
dass ich in dir geborgen bin.
Schenke mir Schutz,
dass ich sicher bin wie in einem festen Haus.
Schenke mir Stärke und Kraft,
dass ich standhalte im schlimmsten Sturm.
Schenke mir Freude,
dass ich meinen Weg gehen kann
jeden Tag.

Hermann-Josef Frisch

DEINE TRÄUME

MÖGEN ALLE DEINE HIMMEL BLAU SEIN,

MÖGEN ALLE DEINE TRÄUME WAHR WERDEN,

MÖGEN ALLE DEINE FREUNDE WAHRHAFT WAHRE FREUNDE

UND ALLE DEINE FREUDEN VOLLKOMMEN SEIN,

MÖGEN GLÜCK UND LACHEN ALLE DEINE TAGE AUSFÜLLEN –

HEUTE UND IMMERZU JA,

MÖGEN SICH ALLE DEINE TRÄUME ERFÜLLEN.

Irischer Segenswunsch

Quellennachweis

Texte: S. 8: © Georg Schwikart (Text gekürzt); S. 14: aus: Norbert M. Becker, Wachsen wie ein guter Baum, © 2016 Butzon & Bercker GmbH, Kevelaer; S. 28: aus: Irmgard Erath, Wir sind alle Kinder Gottes, © 2010 Butzon & Bercker GmbH, Kevelaer; S. 42: aus: Hermann-Josef Frisch, Jesus ist mein Freund, © 2016 Butzon & Bercker GmbH, Kevelaer

Illustrationen: Cover, S. 3, 11, 12, 13, 28, 29, 40, 41: © Susanne Schulte (bunte Fische, blaue/grüne Fläche); Cover, S. 4, 5, 12, 13, 20, 21, 22, 23, 25, 28, 29, 30, 31, 32, 33, 40, 41: © Mira Gerhards (christliche Symbole, kleine Herzen, Schmetterlinge, Linien, Punkte); Cover, S. 6, 7, 18, 19, 20, 21, 22, 23, 30, 31, 32, 33: © the simple surface – stock.adobe.com (Streifen); Vor- und Nachsatz: © cosmic_pony – stock. adobe.com (blaue Fische); S. 2, 5, 6, 7, 8, 9, 10, 14, 16, 18, 19, 20, 22, 24, 25, 27, 28, 29, 30, 34, 35, 38, 3940, 42, 43: © Gisela Dürr (bunter Fisch, Pusteblume, Samen, Schafe, Luftballon, Regenbogen, Kelch, bunte Blumen, rote Herzen, Boote, Fisch-Symbole, Blätter, Noten, Kerze, Weltkugel, Sonne, Trauben, Kirche, Taube, Ähren, Geschenk); S. 4, 5, 9, 18, 19, 28, 29, 40, 41, 42, 43: © info@nextmars. com – stock.adobe.com (Himmel); S. 5, 7, 13, 20, 21, 22, 23, 30, 31, 32, 33, 34, 35: © crtreasures – stock. adobe.com (Kreise, Punkte); S. 6, 7, 8, 9, 42, 43: © Liliia – stock.adobe.com (Wellen); S. 6, 8, 12, 16, 20, 22, 25, 28, 30, 38, 39, 40: © mgdrachal – stock.adobe.com (Banner, Schnörkel); S. 10, 11: © Anastasiya Bleskina – stock.adobe.com (Fische, Wellen); S. 10, 11, 34, 35, 36, 37: © flas100 – stock.adobe. com (Hintergrund); S. 13: © SimpLine – stock.adobe.com (Laubbaum); S. 12, 15, 40, 41: © izumikobayashi – stock.adobe.com (Schmetterlinge); S. 14, 15, 24, 25: © akira_photo – stock.adobe.com (Himmel, Blätter); S. 16, 17, 34, 36, 37: © Mariia – stock.adobe. com (bunte Tropfen, Farbkleckse); S. 26, 27, 38, 39: © inna72 – stock.adobe.com (bunte Blasen); S. 34, 35: © yokunen – stock.adobe.com (Streifen); S. 38, 39, 41: © Guz Anna – stock. adobe.com (Sprechblasen)

Bibliografische Information der Deutschen Nationalbibliothek

Die Deutsche Nationalbibliothek verzeichnet diese Publikation in der Deutschen Nationalbibliografie; detaillierte bibliografische Daten sind im Internet über http://dnb.d-nb.de abrufbar.

 verlags gruppe engagement

Das Gesamtprogramm von Butzon & Bercker finden Sie im Internet unter www.bube.de

ISBN 978-3-7666-2689-9

Umschlaggestaltung: Werner Dennesen, Weeze, nach einem Entwurf von Nicole Weidner, Kevelaer
Gestaltung, Layout und Satz: Kontrapunkt Satzstudio Bautzen